Mynd i'r
Ffair

Bethan Bryn

Geiriau:

R Arwel Jones a J R Jones

CURIAD

© Hawlfraint Cyhoeddiadau Curiad 2002

Argraffiad cyntaf: Gorffennaf 2002

Llun y Clawr: Glyn Davies Photography, Porthaethwy. (01248) 715511 www.glyndavies.com

Argraffwyd gan Argraffwyr Cambrian

ISBN: 1 897664 54 0
ISMN: M 57010 420 8

Cynhyrchwyd a chyhoeddwyd gan:

CURIAD, Pen-y-Groes, Caernarfon, Gwynedd LL54 6EY
☎ **(01286)882166** • 📄 **(01286)882692**
E-bost ymholiad@curiad.co.uk
www.curiad.co.uk

RHAGAIR

Gyda breichiau agored, croesawn *Mynd i'r Ffair* – y gyfrol gyntaf o ganeuon Bethan Bryn. Mae'r cyfan yn addas ar gyfer ysgolion cynradd ac ysgolion uwchradd ac, yn wir, unrhyw un sy'n chwilio am ddeunydd ffres a chwbl ganadwy.

Mae Bethan Bryn yn adnabyddus trwy Gymru gyfan am ei dawn yn gosod cerdd dant, am hyfforddi unigolion, partïon a chorau, ac fel beirniad a chyfansoddwraig.

Cafodd Ysgol Gymraeg Aberystwyth y fraint o elwa'n fawr o'i thalent, a chafwyd llawer o bleser wrth ddysgu a pherfformio nifer o'r caneuon hyfryd a welir yn y gyfrol hon. Mae Bethan yn deall anghenion lleisiol plant a phobl ifanc i'r dim. Yn ddi-os fe fydd y caneuon yn rhoi pleser i ieuenctid a chynulleidfaoedd ledled Cymru.

Edrychwn ymlaen yn eiddgar at gael cyfrol arall yn fuan.

Margaret Thomas

Diolch i Alwena Roberts, Alun Guy a Mair Carrington Roberts am edrych dros y caneuon ac am eu hawgrymiadau gwerthfawr.

Bethan Bryn

CYNNWYS

MYND I'R FFAIR

Geiriau: R. Arwel Jones

Cerddoriaeth: BETHAN BRYN

Cytgan:

Mynd ar wib, 'nôl a 'mlaen, lan a lawr, _____ Chwer-thin mawr, dweud 'run gair _____ Cyn mynd ar wib, 'nôl a 'mlaen,

arafu   *amseriad gwreiddiol*

lan a lawr, ____ 'na hwyl y ffair. ____

1 *Walt - zers* chwil a *bum - ping cars* a'r
2 A - fal ta - ffi a *marsh - mal - lows*

ol - wyn fawr, ____ Fry'n yr a - wyr, 'nhraed i lan a
a dwy reid, ____ 'Mhen i'n troi a 'mol i'n cor - ddi

'mhen i lawr, ____ O mae'n hwyl, Mam mae'n hwyl
a rhoi naid, ____

yn y ffair, ____ Mynd ar wib, 'nôl a 'mlaen,

lan a lawr, ____ 'na hwyl y ffair. ____

Pen. 1. **D.S.**

3 Pry - nu byr - gyr, can - di fflòs a

chôc neu ddau, ____ We - dyn ras am un reid a - rall

coke
hoke.

9

Arafach

cyn 'ddi gau. _____ O, dwi'n sâl, Mam dwi'n sâl,

yn y ffair, _____ O, dwi'n sâl, Mam dwi'n sâl,

yn y ffair. Yyyhhh.

10

TŶ NAIN

Geiriau: R. Arwel Jones

Cerddoriaeth: BETHAN BRYN

Eithaf cyflym

Cytgan

Bw - gan blin a chys-god ____ cawr, ____

Mae pob ys-bryd, ____ bach a mawr, ____

Yn ___ dif - lan - nu ___ cyn y wawr. ___

1 Gwin - edd main fel
2 Gwi - chian drws o'r

gwin-edd ___ gwrach ___ Sydd yn cra - fu'r
oes o'r ___ blaen, ___ Sia - piau pen - glog

ffen - est ___ fach, ___ Yn nhŷ ___ Nain, ___
yn y ___ graen, ___

Yn nhŷ __ Nain, __ Wrth y ffen - est

Pen - glog yn y

Cytgan

fach.
graen.

Bw - gan blin a

chys-god ____ cawr, __ Mae pob ys - bryd, ____

bach a mawr, __ Yn ___ dif - lan - nu _____

13

cyn y wawr. ___

3 Cys - god yst - lum ar y _____ wal, ___

Ll'go - den fawr all neb ei _____ dal, ___

Yn nhŷ ___ Nain, ___   Yn nhŷ ___ Nain, ___

14

Yst - lum ar y wal.

Cytgan

Bw - gan blin a chys-god ____ cawr, __

Mae pob ys-bryd, ____ bach a mawr, __

Yn ____ dif - lan-nu ____ cyn y wawr, __

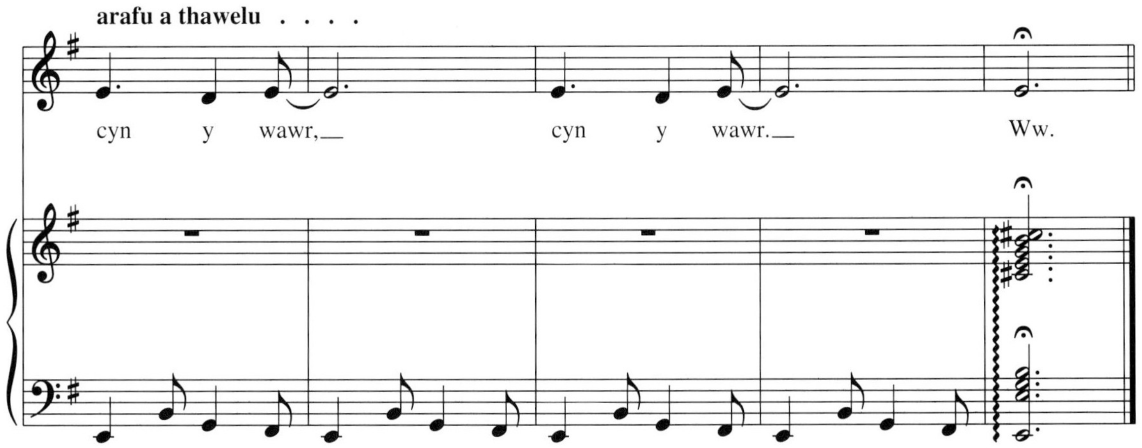
arafu a thawelu . . . .
cyn y wawr,
cyn y wawr.
Ww.

FY FFRIND DYCHMYGOL

Geiriau: R. Arwel Jones

Cerddoriaeth: BETHAN BRYN

♩. = 60
LLAIS
PIANO
Mae gen i ffrind go - ra, Y
go - ra'n y byd, Fe - lly cyn cych - wyn gyf - lwy - na'i chi gyd,
♩ = 90
Dy - ma Wal - do Wyn! Dy - ma Wal - do Wyn! Mae

Wal-do yn ca-nu fel e - os o bêr, Fe fydd, cyn pen blwy-ddyn, yn

byw e - fo'r sêr, Ca - na Wal-do Wyn!

Ca - na Wal - do Wyn!

Mae Wal-do yn dawn-sio yn ys-twyth fel dŵr, Mewn

dis - go neu gloc - sen mae'n well na'r un gŵr, Dawn - sia Wal - do

Wyn! Dawn-sia Wal - do Wyn!

Mae

Wal - do yn rhe - deg ar wib hyd y fro, Mae'n rhe - deg fel mil - gi, all

neb ei ddal o, Rhe - da Wal - do Wyn! Rhe - da Wal - do
Wyn!

YR WYLAN

Geiriau: R. Arwel Jones

Cerddoriaeth: BETHAN BRYN

Lyrics under the staves:

we - li di ___
we - li di ___

1 Be we - li di, wyl - an, be we - li di   Ar
2 Be we - li di, wyl - an, be we - li di   Wrth

a - dain uwch han - es y fro?   Fe we - la'i bry - sur - deb yr
dor - ri drwy'r cw - mwl uwch - law?   Fe we - la'i mai car - go o

ö - dyn

hi - raeth

o - - dyn Yn fwr-lwm mewn ad-fail o gof. Be
hi - - raeth Sy'n llith-ro drwy'r niwl-oedd i'r glaw. Be

we - li di,

we - li di,

we - li di, wy-lan, be we - li di, Ym - hell uwch ein pen-nau ni i
we - li di, wy-lan, be we - li di, Fry-cheu-yn yn lly-gaid y

maw - re - ddog

y ton - nau

gyd? Fe we-la'i ryw long-au maw-re - - ddog Yn
dydd? Fe we-la'i gy-hy-rau y ton - - nau Yn

Pen. 1 **D.S.** Pen. 3

hwy-lio i bed-war ban byd.
goll-wng y cy-chod yng-hyd.

22

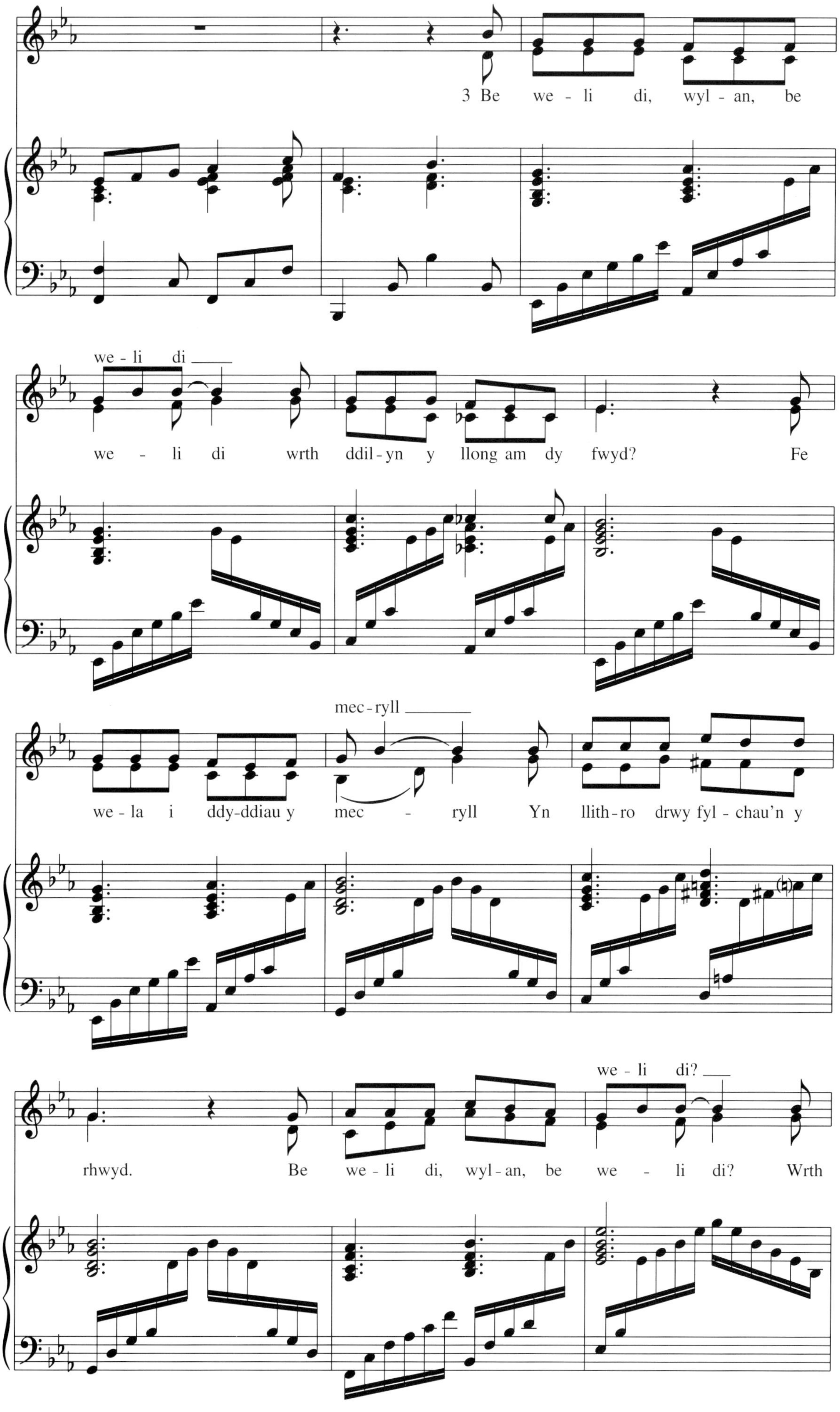
3 Be we - li di, wyl - an, be
we - li di
we - li di wrth ddil - yn y llong am dy fwyd? Fe
mec - ryll
we - la i ddy - ddiau y mec - ryll Yn llith - ro drwy fyl - chau'n y
we - li di?
rhwyd. Be we - li di, wyl - an, be we - li di? Wrth

or - wedd ar glus - tog o wres? Fe we - la'i gy - hy - rau 'di

lla - cio

lla - - cio A hi - raeth am hi - raeth 'ny tes, A

arafu

hi - raeth am hi - raeth 'ny tes.

arafu

BREUDDWYDIAF FREUDDWYDION

Geiriau: R. Arwel Jones

Cerddoriaeth: BETHAN BRYN

1 Ar nos - wyl Na - dol - ig wrth ger - dded lawr y stryd, A chân __ yn fy mron, __ Mae by - wyd yn wyn - fyd, Gwi -

(-re - ddir)   (nos - wyl)

-re - ddir breu - ddwy - dion ar nos - wyl fel hon.   Llond

(foc - sys,)

ffen - est o foc - sys, Te - ga - nau y - no'n don, ___   Dy -

-chy - myg sydd yn drên,   a by - wyd yn wên, ___   Gwi -

-re - ddir breu - ddwy-dion ar no - swyl fel hon.

26

2 Ar

nos - wyl gor - mo-dedd, a'm lle - ty ar y stryd, A

chur __ yn fy mron, _____ Mae by - wyd yn ad - fyd, Breu -

(- ddwy - diaf)

- ddwy-diaf freu - ddwy - dion ar nos - wyl fel hon. Llond

(ffoc - sys,)

ffen - est o foc - sys, Ca - da - chau y - no'n don, ___ A

gol - au yn y glaw fel se - ren uwch - law, ___ Breu -

- ddwy-diaf freu - ddwy-dion ar no - swyl fel hon, Breu -

- ddwy-diaf freu - ddwy-dion ar no - swyl fel _ hon.

28

CÂN JO

Geiriau: R. Arwel Jones

Cerddoriaeth: BETHAN BRYN

Yn gyflym, ♩ = tua 126

Cytgan

E - lla'i fod ___ o'n fy _ chan bach, ___ Y

llei - af o blant y stryd, ___

Blwy-ddyn neu ddwy, ___ fydd o yn fwy, ___ Yn
fwy ___ na'r lleill ___ i gyd. ___

1 Chwa - rae ryg - bi sy'n ___ ei waed, ___
2 Co - di pwy - sau bron ___ bob awr, ___
3 We - dyn, ho - gia, daw ___ ei dro, ___

Sath - ru'r lleill ___ i gyd ___ dan draed, ___
Brei - chiau cry - fion fel ___ rhai cawr, ___
Gyr - ru'r mer - ched del ___ o'u co', ___

Tac - lo pawb ___ ddaw a - - to fo, ___ 1 a 2 Fydd
'Ba - rod? Ply - gu! Dy - - na fo!' ___ 3 Fydd
Ffur - fiwch res ___ tu ôl ___ i Jo, ___

1 a 2 **D.S.**

neb yn ga - llu cu - ro Jo! ___
neb yn ga - llu'i gu - ro fo! ___

Cytgan olaf

E - lla'i fod ___ o'n fy _ chan bach, ___ Y

31

llei - af   o   blant   y   stryd, ____

Blwy-ddyn neu ddwy, ___   fydd o yn fwy, _____   Yn

fwy ____ na'r lleill _____ i gyd, _____   Yn

fwy ____ na'r lleill _____ i gyd, _____   Yn

fwy   na'r   lleill   i   gyd.

Cytgan: Ella'i fod o'n fychan bach,
             Y lleiaf o blant y stryd,
             Blwyddyn neu ddwy, fydd o yn fwy,
             Yn fwy na'r lleill i gyd.

1   Chwarae rygbi sy'n ei waed,
     Sathru'r lleill i gyd dan draed,
     Taclo pawb ddaw ato fo,
     Fydd neb yn gallu curo Jo!

Cytgan: Ella'i fod o'n . . .

2   Codi pwysau bron bob awr,
     Breichiau cryfion fel rhai cawr,
     'Barod? Plygu! Dyna fo!'
     Fydd neb yn gallu curo Jo!

Cytgan: Ella'i fod o'n . . .

3   Wedyn, hogia, daw ei dro,
     Gyrru'r merched del o'u co',
     Ffurfiwch res tu ôl i Jo,
     Fydd neb yn gallu'i guro fo!

Cytgan: Ella'i fod o'n . . .

33

YN Y CAR

Geiriau: R. Arwel Jones

Cerddoriaeth: BETHAN BRYN

LLAIS
PIANO
1 'Dan ni yn byw reit yn y
gog A'r 'Stedd-fod ______ yn y de, Awn
ni â'r car a'r ga-ra - fán A llu - sgo o le i

Cytgan

le. O, Mam dwi'n boeth, dwi'n bôrd! _ Lle'n un - ion y - dan ni? _

_ Faint o am-ser e - to, Dad? _ Mae'n rhaid i mi bi - pi! _

Pen. 1 a 2 **D.C.** *Tro olaf*   **rall.**   **Amseriad gwreiddiol**   *Alto os dymunir*

rall.   **Amseriad gwreiddiol**

4 Mae 'ngha - lon i'n cu - ro'n

gynt, Ang - ho - fiaf yr or - iau maith, ___ wrth

35

weld y pa-fi-liwn _____ yn yr haul a chyr-raedd pen y
weld y pa-fi - liwn yn _____ yr haul a chyr - raedd pen _____ y

daith, _____ wrth weld y pa-fi - liwn _____ yn yr haul a
daith, _____ wrth weld y pa-fi - liwn yn yr haul a

chyr - raedd _____ pen _____ y _____ daith. _____

1 'Dan ni'n byw reit yn y gog
   A'r 'Steddfod yn y de,
   Awn ni â'r car a'r garafán
   A llusgo o le i le.
Cytgan: O, Mam, dwi'n boeth, dwi'n bôrd!
   Lle'n union ydan ni?
   Faint o amser eto, Dad?
   Mae'n rhaid i mi bi-pi!

2 Mae Mam yn mynd mor ara' deg,
   A Dad? Mae hwnnw'n waeth!
   Mae'r byd yn gwibio heibio i ni,
   Pob bws a lorri laeth!
Cytgan: O, Mam, dwi'n boeth . . .

3 Mae'n boeth ac mae'r car nawr ar stop,
   Y golau'n goch ers awr,
   Ffenestri wedi'u cau yn dynn
   Rhag mwg y lorri fawr.
Cytgan: O, Mam, dwi'n boeth . . .

4 Mae 'nghalon i'n curo'n gynt,
   Anghofiaf yr oriau maith
   Wrth weld y pafiliwn yn yr haul
   A chyrraedd pen y daith!
Cytgan: O, Mam, dwi'n boeth . . .

36

Y DARGANFYDDIAD

Geiriau: R. Arwel Jones

Cerddoriaeth: BETHAN BRYN

Yn hwyliog

(Pen. 3 a 4)

LLAIS

PIANO

1 Bu - es i'n bwy - ta cig ei - dion, Ac

oe'n i'n bwy - ta cig oen,

Soch chi'n gwy - bod beth sydd mewn cig mo - chyn,

Pa an - hwyl - der cas all go - di, pa boen.__

Cytgan

Bu - es i'n bwy - ta cig ei - - dion, Cig

1, 2 a 3

mo - chyn a chig oen. _____

8ba

38

Cig ei - dion, mo - chyn ac oen.

Cig ei - dion, mo - chyn ac oen.

1 Bues i'n bwyta cig eidion,
　Ac oe'n i'n bwyta cig oen,
　Soch chi'n gwybod beth sydd mewn cig mochyn,
　Pa anhwylder cas all godi, pa boen.

Cytgan: Bues i'n bwyta . . .

2 Peidiwch â chyffwrdd mewn braster
　Na bwyta'r un Mars bar nac wy,
　Gronyn bach o siwgwr sydd yn wenwyn,
　Byddwch farw dim ond llyncu llond llwy!

Cytgan: Bues i'n bwyta . . .

3 Dŵr yfed sy'n aflan a budur,
　A'r môr yn llawn carthion a baw,
　All neb gyffwrdd cynnyrch fferm organig
　Am fod hwnnw 'di bod allan 'n y glaw.

Cytgan: Bues i'n bwyta . . .

4 Daeth panig yn sgil darganfyddiad,
　Er dilyn y cyngor i gyd,
　Boi o Aberystwyth a fu farw,
　Er na fwytodd y creadur ddim byd!

Cytgan: Bues i'n bwyta . . .

CYMRU

Geiriau: J. R. Jones

Cerddoriaeth: BETHAN BRYN

♩ = 138
LLAIS
PIANO
Rwy'n ca - ru er - wau Cym-ru fad, Hen
wlad y bardd a'r e - myn, Er gwe - led lla - wer tro

ar fyd, __ Par-hau __ o hyd __ mae'i the - lyn. __ Ei

sein - iau pêr sydd ar __ ein __ clyw, A byw _____

__ mae iaith Lly - wel -yn. __

div.

Ceir rhai yn crwy - dro

41

tir - oedd pell _ I gei - sio gwell mwyn - der - au,

tir - oedd pell _ I gei - sio gwell mwyn - der - au, Heb

y go - gon - iant, y go - gon - iant,

we - led y _ go - gon - iant sydd _____ ym mro - ydd gwlad _ ein

Ei

ta - dau, _ Ond rhowch i mi hoff wlad _ y _ gân,

nen - - - tydd glân a'i bryn - iau.

Ei nen - tydd _ glân _____ a'i bryn - iau.

42

Sia - ra - dwn _____ y Gym - raeg yn llawn, Ac

os cawn ein dir - my - gu Cof - iwn yr hen _____ ar -

- loes - wyr mwyn Fu'n dwyn ___ eu baich ___ heb gry - mu, ___ Ac

awn ym - laen drwy wawd ___ a ___ her I chwi-

(drwy) (♮) I chwi

(I

43

(drwy)
chwi -)
- - fio ba - ner Cym-ru, Ac awn ym - laen drwy
I chwi - - fio
wawd a ___ her, I chwi - - fio ba-ner Cym-ru. __
(I chwi-)

PLANT MEWN ANGEN

Cyflwynedig i Margaret a phlant Ysgol Gymraeg Aberystwyth

Geiriau: J. R. Jones

Cerddoriaeth: BETHAN BRYN

1 Rhaid ca-nu ar ein go-rau _ A chy-mell pawb yng-hyd I gof-io plant mewn ang-en ___ Ym mhed-war ban y byd, Y gwle-dydd lle mae ne-wyn, A'r

mil - oedd llwm eu stad, Y rhai na wŷr am foeth - au Na

Cytgan

(am - dan - ynt, _____)

go - fal mam na thad. O cof - iwn bawb am - dan - ynt, ___ A

(gwei - thiwn ___ yn)

gwei - thiwn yn ___ ddi - ffael _____ I hel - pu'r plant mewn

(ang - en, _____)

ang - en, ___ Gan roi, _____ a rhoi _____ yn hael.

clywch ein gal - wad he - ddiw __ I go - di'r tlawd a'r gwan, Fe

waw - ria go - baith ne - wydd __ Ond i ni wneud ein rhan. Cawn

bro - fi o'r lla - wen - ydd Ddaw i'n ca - lon - nau i gyd, Wrth es - tyn llaw i gyn - nal Y tlo - dion sy'n y byd. O

(am - dan - ynt, _____)

(gwei - thiwn __ yn)

cof - iwn bawb am - dan - ynt, ___ A gwei - thiwn yn ___ ddi-

(ang - en, _____)

ffael _____ I hel - pu'r plant mewn ang - en, ___ Gan

roi, _____ a rhoi _____ yn hael. O

48

cof - iwn bawb am - dan - ynt, __ A gwei - thiwn yn __ ddi -

(am - dan - ynt, _____)   (gwei - thiwn __ yn)

- ffael _____ I hel - pu'r plant mewn ang - en, __ Gan

(ang - en, _____)

roi, _____ a rhoi yn hael. _____

49

DEWCH I FETHLEM DREF

Cyflwynedig i Margaret a phlant Ysgol Gymraeg Aberystwyth

Geiriau: J. R. Jones

Cerddoriaeth: BETHAN BRYN

1 Clywch,___ mae'r cly - chau'n ca - nu

Drwy ____ yr a - wel oer,

Dewch ____ yn awr yng ngo - lau'r lloer, ____

Blant, ____ i ddath - lu Gŵyl ____ y Ge - ni! ____

Dewch ____ o bob cy - fan - dir,

Lyrics under the staves:

O bob lliw _____ ac iaith,

Nin - nau awn _____ o Gym - ru fach, _____ Mor

Cyflymu hyd at . . . ♩ = 138

ddi-fyr _____ fydd ein taith.

Draw i Feth-lem dref yr awn â chân, Bloe - ddiwn ein hw-rê i'r ba - ban glân, Ef yw'r Me-sei - a, Sein-iwn Ho-san - na!

arafu i'r amser gwreiddiol

Di-olch a fo i Dduw.

2 Y - - no'n gwm - ni_____

Lyrics under staves:
lla - wen   Co - dwn bawb ein

llais, _____   Rhaid _____ dil - eu pob

gwg a thrais ___   O dan fan - er

ei E - feng-yl; _____   Byw _____ heb ofn un

(Co - - dwn)

gwen - - wyn _____ Ddaw _____ i lyg - ru'n

byd, _____ Gwneud pob gwlad _____ yn

well i fyw _____ Fo'n gwe - ddi wrth y

crud. Draw i Feth-lem dref yr awn â

Draw i Feth - lem

chân, Bloe - ddiwn yr hw - rê i'r ba - ban glân
dref yr awn â chân, Bloe - ddiwn yr hw - rê i'r ba - ban glân.
Ef yw'r Me - sei - a, Sein - iwn Ho - san - na! Di - olch a fo i
Dduw. Ef yw'r Me - sei - a, Sein - iwn Ho - san - na!
Di - olch a fo i Dduw.